Saint-Pierre
(abbé de)

Extrait du 2d Tome
du projet
de taille tarifée.

EXTRAIT DU SECOND TOME DU PROJET DE TAILLE TARIFÉE, PAGE 113.

par M. l'Abé de Saint Pierre.

Imprimé avec Privilége du Roy;

Chez Emery, Saugrain & Martin, Libraires, Quay des Augustins.

EXTRAIT
DU SECOND TOME
DU PROJET
DE
TAILLE TARIFÉE
PAGE 113.

Usage que l'on peut faire de la métode des Tarifs & des declarations volontaires dans la répartition du subside des Décimes, & autres Taxes Eclésiastiques, pour éviter les disproportions excessives.

UN grand nombre de Diocèses se trouvent beaucoup trop chargés de taxes Ecléſiaſtiques, les uns en comparaiſon des autres ; tel Diocèſe n'eſt qu'à deux ſous pour livre, tandis que le Diocèſe vexé eſt à quatre ſous ; & dans chaque Diocèſe un grand nombre de Bénéfices ſont exceſſivement chargés en comparaiſon des autres par raport à leur revenu, de ſorte que dans le Diocèſe vexé tel Bénéfice vexé eſt à huit ſous pour livre de ſon revenu, tandis que le Bénéfice favoriſé n'eſt qu'à deux ſous.

Un Abé home de conſidération m'a dit, depuis peu, un fait, qui eſt bien digne d'atention; il a un Bénéfice dans le Diocèſe de Nantes, qui n'eſt ni trop ni trop peu chargé par comparaiſon aux autres Bénéfices du Diocèſe ; il en a un autre dans le Diocèse de Chalons, qui n'eſt non plus ni trop ni trop peu chargé, en comparaiſon des autres Bénéfices de ce Diocèſe; celui de Nantes ne paye qu'environ ſur le pied d'un ſou pour livre de ſon revenu, tandis que celui du Diocèſe de Chalons paye environ ſur le pied de cinq ſous pour livre de ſon revenu : quelle prodigieuſe diſproportion entre Diocèſe & Diocèſe! Or ne peut-il pas ariver, & n'arive-t-il pas même tous les jours une diſproportion encore plus grande entre deux Bénéfices d'un même Diocèſe que celle qui eſt entre Diocèſe & Diocèſe? Et alors la diſproportion ſeroit décuple, ou comme un à dix : ainſi de deux Bénéfices égaux en revenu, l'un dans un Diocèse favorisé, l'autre dans un Diocèse vexé, il peut ariver, que l'un payera mille livres de taxes Eclésiastiques, tandis que son égal ne payera que cent livres. Or laissera-t-on encore long-tems une disproportion si excessive, & dès injustices si criantes, & si nombreuses dans le Royaume, sans tenter d'y aporter quelque remede?

Deux causes anciénes de ces disproportions excessives.

1°. Les anciens répartiteurs firent leur anciéne répartition par Diocèses sur l'estimation qui fut faite anciénement par des Comissaires, ils firent les estimations du revenu des Bénéfices de chaque Diocèse, mais ces estimations furent dès lors ttès-fautives, tant par le défaut de vérité des déclarations de la part du Bénéficier, que par le défaut de justice & de conoissance de la part des Comissaires, qui n'avoient pas les mêmes principes d'estimation ; car en quelle espéce d'afaires la recomandation partiale des protecteurs & des persones de crédit, ne combat-elle pas incessament, & le plus souvent avec succès contre la Justice non protégée ?

2°. Quand ces premiers Comissaires auroient été exactement informés il y a deux cens ans du revenu de tous les Bénéfices, quand ils n'auroient écouté aucune recomandation, il eſt arivé durant cet eſpace de tems de grands changemens dans chaque Bénéfice : les incendies ou bâtimens ruinés, les terres des Bénéfices baillées à rentes emphytéotiques, ou perpétuèles, non en denrées, mais en livres numéraires, dont la valeur a baiſſé de plus de quatre à un depuis le Regne de Louis XII. la diminution locale du comerce, la diminution de culture des terres d'un certain canton : Ainſi il eſt arivé avec le tems qu'il y a des Bénéfices, dont le revenu a diminué d'un tiers, d'une moitié, tandis que d'autres ont augmenté d'une moitié par de nouvelles conſtructions, par des déſſéchemens, par des défrichemens, par de nouveaux canaux faits pour le tranſport des bois & autres denrées ; &c. Les anciénes eſtimations pour l'eſtabliſſement des anciénes décimes, ſont plus anciénes que Louis XII. & cependant ces anciénes eſtimations fautives dès leur origine, & devenues encore plus fautives par les changemens arivés depuis dans les biens Ecléſiaſtiques, font la régle que l'on ſuit encore actuellement dans la répartition entre Diocèſe & Diocèſe, entre Bénéfice & Bénéfice, & le ſujet de tant de juſtes plaintes.

MOYENS DE REMEDIER à ces inconvéniens.

1°. Que par un Réglement *le Bénéficier vèxé ait la liberté de signer sur le Registre de la Chambre Eclésiastique, la déclaration du revenu & des charges de son Bénéfice, suivant le modèle qui sera prescrit, avec soumission à la peine de fausse déclaration, qui sera du quadruple.*

2°. Que le Réglement porte, *que les répartiteurs seront obligés de diminuer dès la premiere anée d'un dixiéme la taxe des Bénéficiers déclarans, & d'augmenter de ce dixiéme les taxes des Bénéficiers non déclarans.*

3°. Que le Réglement porte, *que la seconde anée cette diminution sera d'un cinquiéme, & que l'augmentation de ce même cinquiéme sera repartie au sou la livre par les repartiteurs, ou membres de la Chambre Eclésiastique sur les non-déclarans, jusqu'à ce que tous aient signé leur déclaration.*

Il arivera qu'en moins de trois ans, la Chambre aura les déclarations du revenu réel de tous les Bénéfices, & les aura justes. Or il sera alors bien facile à la Chambre de répartir le total de la taxe du Diocèse au sou la livre sur le revenu de chaque Bénéfice, c'est-à-dire, avec proportion & avec justice, sur tout si cela est ainsi ordoné par un Réglement que le Clergé demandera au Conseil.

On poura dans une assemblée du Clergé comparer les Diocèses entre eux par raport à un même Tarif de suposition, par exemple, de deux sous pour livre du revenu du Bénéfice, & l'Evêque du Diocèse vexé, en raportant le rôle des déclarations des Bénéficiers & autres Eclésiastiques de son Diocèse, qui démontrera, que les taxes de ſon Diocèſe, ſont, par exemple, à quatre ſous pour livre du revenu des Bénéfices, tandis que les taxes du Diocèſe voiſin ne ſont que ſur le pied de deux ſous pour livre du revenu des Bénéfices ; il ſera facile à l'aſſemblée de faire une adition du total de tous les roles de tous les Diocèſes, & de faire un tarif comun pour répartir par Diocèſe, avec proportion, le total des décimes ordinaires & extraordinaires, que le Roi a demandées, ce qui juſqu'ici a été très-inutilement déſiré, tant par les Evêques équitables, & par les Bénéficiers oprimés, que par le Conſeil, qui déſire l'obſervation de la Juſtice.

MOYENS SUBORDONÉS.

Pour encourager davantage les Chambres Eclésiastiques à souhaiter & à pratiquer cette métode, il est à propos que par le Réglement le Roi ordone *que les Membres de ces Chambres seront exemts de la moitié de leur taxe, & l'Evêque, des trois quarts de la siéne ; & que cette moitié & ces trois quarts sera rejetté sur le total, ainsi que les frais du recouvrement, & qu'ils auront à leur profit la moitié du quadruple ordoné contre les faux déclarans, & que l'autre moitié sera au profit des Bénéficiers, qui auront déclaré juste.*

Il est aisé de voir 1°. que la Chambre Eclésiastique de chaque Diocèse sera sufisamment intéressée à l'exécution de ce Réglement, qu'ainsi il sera exécuté. 2°. Que dans deux ou trois ans tous les Evêques auront la déclaration juste du revenu de chaque Bénéfice. 3o. Que dans deux ou trois ans tous les Evêques pouront porter à l'assemblée générale au Grêfe général du Clergé, l'état au vrai du revenu Eclésiastique de leurs Diocèses. 4°. Par conséquent on poura faire alors la réparti-tion du subside, avec proportion sur les Diocèses. 5°. Le Conseil vèra alors avec sureté quelle est la proportion des taxes ou subventions Eclésiastiques, avec le revenu Eclésiastique; pour ne pas charger excessivement le Clergé.

A Crevecœur Sur-Ure Juin 1723.

APROBATION.

J'AI lû par ordre de *Monseigneur le Garde des Sceaux ce Manuscrit intitulé* : Suplement au Projet de Taille Tarifée, *& je n'y ai rien trouvé qui puisse en empêcher l'impression. A Paris ce sixiéme Juillet mil sept cens vingt trois.*

Signé, DE SACY.

OBSERVATIONS.

IL y a encore trois obſervations à faire : La premiére, c'eſt la taxe des Cures à portion congrue, & des autres petites Cures de peu de revenu; il ne ſeroit pas juſte qu'elles fuſſent taxées ſur le même Tarif que les groſſes Cures ; car il faut prélever la ſubſiſtance de ces Curés pauvres, qui eſt d'environ 250. liv. il ne reſteroit plus que 50. liv. pour porter le Tarif.

La ſeconde, c'eſt qu'il eſt équitable que le Tarif des Bénéfices qui demandent réſidence, ſoit auſſi moins fort que le Tarif de ceux qui ne demandent point de réſidence.

Mais si l'Assemblée de 1725. nome des Comissaires pour aviser aux moyens de rectifier les départemens ou des taxes, Eclésiastiques, ils accepteront ceux que je propose, ou bien ils en choisiront de meilleurs : ce qui est le but de ce Mémoire.

La troisiéme, on m'a demandé s'il ne seroit point à propos de faire nomer trois Comissaires par chaque Diocèse pour faire la vérification de toutes les déclarations par détail que doneront les Bénéficiers. Mais je répons

1°. Ces Comissaires couteront beaucoup au Clergé pour se transporter sur les lieux.

2°. Pour faire exactement cette vérification, il faudroit plus de trois ans dans plusieurs Diocèses.

3°. La punition de quatre ou cinq Béneficiers par le paiement du quadruple du revenu non déclaré, sufira pour obliger les quatre ou cinq cens autres Béneficiers du Diocèse Curés, Chanoines, Prieurs, Abés à rectifier dès la même anée leurs déclarations, si elles ne sont pas justes. Ainsi cette crainte salutaire du quadruple & des dépens, épargnera une vérification très-couteuse, très-longue, & qui n'étant pas infaillible, seroit elle-même en certains cas sujette à réformation.

4°. Pour prévenir les inconvéniens qui naissent de ce que quelques Bénéfices croissent en revenu, & de ce que quelques autres diminuent, il est à propos que le Réglement ordone que chaque Bénéficier donera tous les dix ans nouvelle déclaration en détail du revenu de ſon Bénéfice par détail.

5°. Ces déclarations en détail où les bornes ſeront ſpécifiées, ſeroient un jour un excellent titre pour conſerver aux Bénéficiers ſucceſſeurs tous les revenus du Bénéfice, & préviendroit beaucoup d'uſurpations actives & paſſives.

6°. J'ai parlé amplement des diférens cas des fauſſes déclarations dans le *Projet de Taille Tarifée*; & la prudence de l'Aſſemblée du Clergé ſupléra facilement aux cas que je n'ai pas prévûs & aux expédiens que je n'ai pas propoſés.

www.ingramcontent.com/pod-product-compliance
Lightning Source LLC
LaVergne TN
LVHW010015230826
846092LV00002B/839

9782019218249